Ludwig Freytag

Kampf und Sieg

Kriegslieder

Ludwig Freytag

Kampf und Sieg
Kriegslieder

ISBN/EAN: 9783337384678

Hergestellt in Europa, USA, Kanada, Australien, Japan

Cover: Foto ©Thomas Meinert / pixelio.de

Weitere Bücher finden Sie auf **www.hansebooks.com**

Kampf und Sieg.

Kriegslieder

von

L. Freytag.

Deutsche Freiheit, deutscher Gott,
Deutscher Glaube ohne Spott,
Deutsches Herz und deutscher Stahl
Sind vier Helden allzumal.
E. M. Arndt.

Berlin 1870.
C. Schweigger'sche Hofbuchhandlung.
(Früher Mylius' Verlag.)

Inhalt.

Entſcheidung.

(Vor der Kriegserklärung.)

Im fernen Weſten hüllt
Der Himmel ſich in Nacht;
Es tobt und heult, es brüllt
Der Donner ſchon mit Macht;
Schon fahren um der Berge Spitze
In hellem Leuchten rothe Blitze,
Schon zieht das Ungewitter ſchwer
Und drohend über Deutſchland her.

Du deutſches Volk, ſteh auf!
Du haſt nicht mehr die Wahl!
Faß beines Schwertes Knauf
Und ſchärfe beinen Stahl!
Aufs neue dräut mit Morb und Brande
Der Erbfeind unſerm deutſchen Lande,
Und unſerm Muthe beut er Hohn,
Und ſtürzen will er unſern Thron!

Ihr Franken! fremdes Glück
Stets schaut ihr neidesvoll;
So ruft ihr ihn zurück,
Der Väter alten Groll?
Wollt ihr in frechem Taumel wagen,
An euren Heeresschild zu schlagen,
Und aus des Friedens stillem Schoos
Laßt ihr des Krieges Furie los?

Entfesselt nicht im Land
Den ungewissen Krieg;
Es liegt in Gottes Hand
Der laubgekrönte Sieg.
Wir wissen auch im Kampf zu ringen,
Wir wissen auch den Stahl zu schwingen,
Und kräftig schäumt in unserm Blut
Der ungebeugte deutsche Muth.

Ruft der Trompete Schall,
Dann bieten Schar an Schar
(Ein ehrner Felsenwall)
Dem Lande wir uns dar;

Da schweigt der Zwietracht Teufelsstimme,
In zorn'gem Haß und wildem Grimme
Stellt unsers Volkes ganze Macht
Sich dar euch zur Entscheidungsschlacht.

Nie wahrlich beugen wir
Den Hals euch unters Joch;
Es grünt des Lorbers Zier
Um unsre Schläfen noch.
Der Geist, der oft die Faust uns ballte
Zum Kampfe wider euch, der alte,
Der oft sich hob in Sturmeswehn,
Der feiert heut sein Auferstehn.

Habt ihr den deutschen Muth
Nicht bitter oft verspürt?
Denkt ihr der heil'gen Glut,
Bei Leipzig angeschürt?
Ruft nicht zu kriegrischem Gefechte
Den alten Haß in seine Rechte,
Der zwischen uns noch glimmend brennt
Und Deutsche stets vom Franken trennt.

Es beut das deutsche Land
Euch nun zum letzten Mal
Des Friedens Bruderhand;
Wir lassen euch die Wahl!
Wählt zwischen Heil, dem friedereichen,
Und zwischen deutschen Schwerterstreichen!
Wählt Frieden ihr? Hier Hand und Herz!
Wählt ihr den Krieg? Hier Stahl und Erz!

Aar und Geier.

Mel.: Freiheit, die ich meine rc:

Hoch auf steilem Felsen hängt ein Adlerhorst,
Drunten liegen dämmernd Wiesenflur und Forst.
Staunend schaut der Jäger zu der Höhe auf,
Leuchtend blickt die Sonne auf den Felsenknauf.

Droben auf dem Horste haust der kühne Aar,
Auf die Lande nieder schaut sein Auge klar;
Aus dem Blick ihm glüht es loh wie Feuers Brand,
Seine Flügel rauschen über deutsches Land.

Ob sich tief der Himmel hüllt in Dämmernacht,
Ob aus lichter Bläue glühe Sonnenpracht, —
Er hält still die Wache, und in träger Ruh
Fällt sein Heldenauge nimmermehr ihm zu.

Aber wenn der Geier naht aus fernem West,
Schwingt der Aar sich rauschend aus dem Felsennest;
In den Adern schäumt ihm wild das Heldenblut,
Auf den Geier stößt er flugs in Zorneswuth.

In den höchsten Lüften tobt der Kampf mit Macht:
Wie die Federn stäuben in der Adlerschlacht!
Alle Vögel schaun es, wie vom Aar besiegt
Blutend bald der Geier still nach Hause fliegt.

Aar der Hohenzollern, zu des Feindes Graun
Breite deine Schwingen über deutsche Gaun;
Laß auf dich die Feinde in Entsetzen sehn,
Auf zur goldnen Sonne steig' im Sturmeswehn!

Deutsches Kriegerlied.

Nach der Melodie des Preußenliedes.

Es tönt ein Lied in feierlichem Klange,
Das jeder Preuße stolz sein eigen nennt;
Der Deutsche kennt es, wenn in höherm Drange
Ihm in der Brust das frohe Herz entbrennt;
  Das klingt wie Schwerterfausen,
  Das hallt wie Sturmesbrausen,
Das schmettert laut vom Memel bis zum Rhein:
Ich bin ein Preuße, will ein Preuße sein!

Das Lied erhebt in manchem heißen Kampfe
Des Kriegers Herz zu neuem Schlachtenmuth;
Wenn sich der Himmel schwärzt vom Pulverdampfe,
Durchzuckt es ihm die Brust mit neuem Muth;
  In des Gefechts Gedränge
  Beseelen ihn die Klänge,
Sie rauschen mächtig durch die vollen Reihn:
Ich bin ein Preuße, will ein Preuße sein!

Wenn durch der Hauptstadt Thor im Siegeszuge
Bekrönt er zieht in festgeschloßnem Glied,
Rauscht auf der Töne kräft'gem Adlerfluge
Entgegen ihm der Preußen hohes Lied;
 Die frohen Sieger lauschen
 Den Klängen, wie sie rauschen,
Und tausendstimmig fällt ihr Jubel ein:
Ich bin ein Preuße, will ein Preuße sein!

Als Nacht sich lagerte auf Deutschlands Gauen,
Der Fremdling unser Volk in Fesseln schlug,
Da lernten wir auf Preußens Kraft vertrauen
Und seines Adlers hohen Himmelsflug;
 Da sahn den Aar wir fliegen
 Und sahn ihn kämpfen, siegen;
Da wiegt' er sich im Freiheitssonnenschein:
Ich bin ein Preuße, will ein Preuße sein!

Und wieder hebt der Aar die mächt'gen Schwingen
Und ruft das deutsche Volk zur Einigkeit:
Der alten Zwietracht Dämon zu bezwingen
Gilt's unerschrocknen Muth und schweren Streit;

Nun stehn wir unverdrossen
Um Preußen enggeschlossen,
Nun singen wir mit Preußen im Verein:
Ich bin ein Preuße, will ein Preuße sein!

Wir geben, Preußen, uns in deine Rechte
Und weihn uns freudig dir mit Hand und Herz;
Du steh für Deutschland kräftig im Gefechte,
Wir theilen mit dir willig Freud' und Schmerz;
    Dem Feind die Wege weisen
    Soll unser blankes Eisen,
Und flieht er, schallt das Wort ihm hinterdrein:
Ich bin ein Preuße, will ein Preuße sein!

Deutsches Gebet.

Mel.: Ein feste Burg ist unser Gott :c.

Der Kampf bricht los, schon glänzt das Erz
Zur Schlacht dem Feind entgegen;
Zu Dir, Gott, kehrt sich unser Herz,
Du gib uns Heil und Segen.
Der alte Erbfeind droht
Mit Krieg und Kriegesnoth,
Er kommt mit reis'gem Zug,
Sein Schild ist Lug und Trug,
Und seine Wehr Vernichtung.

Wir flehn, o Gott, um Deine Huld
In Staub und tiefer Demuth,
Und alle unsre Fehl und Schuld
Erkennen wir mit Wehmuth.
Erhör, Herr, unser Wort:
Sei Du uns Schutz und Hort!
Stärk uns in Kampf und Schlacht,
Stärk uns in Todesnacht,
Und laß uns nicht verzagen!

Der Erbfeind wirft mit frechem Hohn
Den Brand in unsre Dächer;
Für Vaterland, Altar und Thron
Stehn wir im Kampf als Rächer.
Die Hände heben wir
Schuldlos, o Herr, zu Dir;
Wir ziehn getrost im Muth
Hinab in Schlachtenwuth,
Die Seele Dir befehlend.

Was prahlt der Feind mit reis'gem Troß,
Mit Kriegszeug und mit Mannen?
Du schlägst ihn, Herr, mit Mann und Roß,
Du haffest den Tyrannen.
Gieb uns im heil'gen Krieg,
Allmächtiger, den Sieg!
Trifft uns des Todes Streich,
Dann führ uns in Dein Reich
Zu sel'gen Himmelsfreuden.

Landwehrmanns Abschied.

Mel.: Schon dreißig Jahre bist du alt ꝛc.

Fahr wohl, fahr wohl, mein treues Weib!
Mach mir nicht schwer das Herz!
Es ruft uns zum Kampfe der König,
Und schmetternd und tausendtönig
Hallt der Trompeten Erz!

Fahr wohl, fahr wohl, mein treues Weib!
Sei deines Preußens werth!
Es drohen die Feinde dem Lande;
Zu zagen wäre Schande
Für unser gutes Schwert.

Fahr wohl, fahr wohl, mein treues Weib!
Nicht zeig' ich meinen Harm.
Für euch nur ziehn wir zum Kampfe;
In wirbelndem Pulverdampfe
Wird wieder das Herz mir warm.

Fahr wohl, fahr wohl, mein treues Weib!
Die Kinder tröſte du!
Wenn blaſen zum Kampf die Trompeten,
Dann laß für den König ſie beten
Und für des Landes Ruh.

Fahr wohl, fahr wohl, mein treues Weib!
Vertrau auf unſern Gott!
Er ſchaut mit waltendem Blicke
Hinab auf der Welten Geſchicke
Und macht den Frevler zum Spott.

Fahr wohl, fahr wohl, mein treues Weib!
Drück herzlich mir die Hand!
Um die herrlichſte Ehre ja werb' ich,
Und bleib' ich im Felde, ſo ſterb' ich
Für König nnd Vaterland.

Der Preusse an sein Schwert.

Mel.:   Der Mai ist gekommen :c. ober: Erhebt euch von ber Erbe :c.

Ersteh aus beiner Scheibe,
Du treues Preußenschwert!
Von neuem ruft uns beibe
Der König gut unb werth;
Es gilt bas Lanb zu schützen.
Vor Morbe unb vor Branb,
Es gilt ben Thron zu stützen
Mit fester Eisenhanb.

Hörst bu in scharfen Tönen
Der Kriegstrompeten Schall?
Hörst bu ber Trommeln Dröhnen
Unb ber Kanonen Hall?

Uns bräun des Feindes Tücken,
Uns großt des Feindes Neid;
Wir schreiben auf den Rücken
Mit Blut ihm den Bescheid.

Du gutes Schwert, es decken
Dir deinen blauen Stahl
Vom Feindesblut die Flecken
So schwarz und ohne Zahl;
Nun mußt du wieder blinken
In neuer Kampfesglut,
Und wieder mußt du trinken
Des alten Feindes Blut.

Du weißt ihn brav zu hassen,
Du bist von gutem Klang;
Niemals wirst du erblassen
Im schärfsten Schlachtendrang;
Du führst den tapfern Krieger
Zu wildem Kampf hinaus,
Du führst ihn auch als Sieger
Zurück ins Vaterhaus.

Schon klingen Lärmsignale,
Bald naht die wilde Schlacht;
Des Kampfes Bacchanale
Sind bald in Wuth entfacht;
Dann sause, gute Schneide,
Auf unsers Feindes Haupt,
Und kehr in deine Scheide
Vom Lorber neu umlaubt!

Reiterlied.

Mel.: Der Mai ist gekommen 2c.

Hört, hört ihr den Ton? Die Trompete ertönt,
Und der Donner des Feindes von drüben erbröhnt!
Die Trommel, sie wirbelt, der Lärmschuß kracht,
Die Pferde gezäumt! In die Schlacht, in die Schlacht!

In den Sattel, Schwadronen! Den Pallasch heraus
In des Feinds Bataillone mit Sturmes Gebraus!
Wo am dichtesten flutet des Feindes Macht,
Hinuntergefegt! In die Schlacht, in die Schlacht!

Der Pallasch von Stahl gibt nimmer Quartier,
Wir decken den Boden, der Feind oder wir;
Er hat uns den Haß, den ergrimmten, entfacht,
Wir zahlen's ihm heim: In die Schlacht, in die Schlacht!

Er hat uns verhöhnt — Gott sei es geklagt —
Den König beleidigt — er hat es gewagt —
Mit dem Brande der Städte erhellt er die Nacht —
Wir löschen's mit Blut! In die Schlacht, in die Schlacht!

Die Brust sei frei, und das Herz sei kühl!
Nun donnert hinunter ins Feindesgewühl;
Der wälsche Tyrann sei der Hölle vermacht,
Und ihm folge der Fluch! In die Schlacht, in die Schlacht!

Weissenburg.

4. August.

Mel.: Was blasen die Trompeten ꝛc.

Was wälzt so wild und brausend die Flut der alte Rhein?
Was hallt Geschützesdröhnen so siegesfreudig drein?
Was jauchzt's vom Rhein zur Donau, vom Rhin bis
zur Murg?
Das sind die Siegesdonner von Weißenburg!
Und Juchheirassassa, und die Preußen sind da,
Und die Bayern sind auch da, sie rufen Hurrah!

Der Bonaparte hatte gar wild die Faust geballt;
Er wollte uns Gehorsam wol lehren mit Gewalt.
So schick' er an die Gränze viel hunderttausend Mann;
Zuaven und Turcos marschirten voran.
Und Juchheirassassa ꝛc.

Da rief der König Wilhelm: „Das Land ist in Gefahr!"
Da drängte zu den Fahnen sich jubelnd Schar auf Schar;
Sie kamen von den Alpen bis weit hinab ans Meer;
Der Norden und der Süden, sie griffen zum Gewehr.
    Und Juchheirassassa 2c.

Der Kronprinz Friedrich Wilhelm, der flog an den Rhein,
Die Preußen und die Bayern, sie fochten im Verein.
Bei Weißenburg entbrannte gar bald des Kampfes Wuth,
Bei Weißenburg, da strömte so manches Helden Blut.
    Und Juchheirassassa 2c.   .

Die Preußen und die Bayern, die standen wie ein Mann;
Der Kronprinz Friedrich Wilhelm, der führte sie an.
In Weißenburg, da saß wol der Feind wie zu Haus;
Die Preußen und die Bayern, die warfen ihn hinaus.
    Und Juchheirassassa 2c.

Der Bonaparte hatte die Bayern gelockt:
„Die schlechtsten Suppen hat euch der Bismarck eingebrockt!
Kommt zu Mir, ihr Trauten, Ich schenk' euch Meine Huld!"
Da riß den braven Bayern gar schleunig die Geduld.
    Und Juchheirassassa 2c.

Mit Kolbenschlägen gaben sie Ihm den Bescheid:
„Wir tragen wie die Preußen das deutsche Ehrenkleid!"
Der Sieg ward erfochten, geschlagen die Schlacht,
Dem Feinde ward mit Jubel der Garaus gemacht.
  Und Juchheirassassa ꝛc.

Die Preußen und die Bayern, die theilten sich den Ruhm:
Befestigt ward aufs neue das deutsche Heldenthum.
Ihr Preußen und ihr Bayern, nun eilt von Sieg zu Sieg,
Und schlagt den Feind danieder und endet den Krieg!
  Und Juchheirassassa ꝛc.

So schmettre, du Siegslied, hinaus ins deutsche Land
Vom Fuß der grauen Alpen hinab zum Ostseestrand,
Vom Rhein bis zur Donau, vom Rhin bis zur Murg:
Das sind die Siegesdonner von Weißenburg!
  Und Juchheirassassa, und die Preußen sind da,
  Und die Bayern sind auch da, sie rufen Hurrah!

Wörth.

6. August.

Mel.: Frisch auf, Kameraden, aufs Pferd, aufs Pferd ꝛc.

Den Siegsmarsch schlagt! Trompeten, ertönt!
Blast schmetternde Siegesfanfaren!
Wir haben die Helme mit Lorber bekrönt,
Wir schlugen die feindlichen Scharen.
Wir haben den Trotz des Feindes zerstört,
Wir warfen ihn nieder bei Wörth, bei Wörth.

In zahllosen Schwärmen, wie Flugsand am Meer,
Wogt' er uns entgegen zum Kampfe.
In der Sonne erglänzten ihm Waffen und Wehr,
Die Erb' erscholl vom Gestampfe.
So bot er uns trotzig und prahlend die Schlacht,
Doch Gott hat den Stolzen zunichte gemacht.

Da rangen die Heere wol Schlag auf Schlag,
Da sprühten die Batterieen.
Wie blickt' er so düster und bleich und zag,
Der Mann aus den Tuilerieen!
Ob tausend Geschütze aufflammten in Glut,
Wir löschten die Blitze mit feindlichem Blut.

Uns führte der preußische Königssohn
Auf des Siegs ruhmglänzenden Bahnen.
Die Franken, wie sind sie so flüchtig geflohn
Vor dem Flattern germanischer Fahnen!
Du danke dem Herrn, o du Vaterland!
Nie schaut dich der Franke mit Mord und Brand.

Nun auf, in den Sattel! Dem Fliehenden nach!
Ihr Flügelhörner, nun schmettert!
Bis das letzte Bollwerk des Feindes brach,
Ihm wild in den Rücken gewettert!
In Paris nur winkt des Sieges Lohn,
In Paris nur stürzt des Tyrannen Thron!

Spicheren.

6. August.

Mel.: Erhebt euch von der Erde :c.

Zu Gott erhebt die Hände,
Der uns geschirmt im Streit
Und unsers Rheins Gelände
Von Feindeswuth befreit!
Stimmt an des Dankes Lieder
Und beugt vor Ihm das Knie,
Der unsern Heeren wieder
Des Sieges Flügel lieh.

Ihr Höhn mit dunklen Forsten,
Du silberhelle Saar,
Ihr saht ihn mächtig horsten,
Der Preußen hohen Aar!
Die Flügelschläge rauschten,
Der wälsche Geier floh,
Die deutschen Lande lauschten,
Des neuen Sieges froh.

Dort droben bei Spicheren
Gefaßt zu Kampf und Schlacht
Stand hinter mächt'gen Wehren
Des Feindes stolze Macht.
Schwarz wie ein Wetter grollte
Er nieder von den Höhn,
Und in die Thale rollte
Der Donner Schlachtgebröhn.

Doch ob auch roth und blutig
Hinabfuhr Blitz auf Blitz,
Wir stürmten todesmuthig
Des Feindes Felsensitz.
Die Seele Gott befohlen,
Der Lieben still gedacht —
Dann ging es, Sieg zu holen,
Frisch drauf und dran zur Schlacht.

Die Flügelhörner tönten,
Geschützesdonner scholl,
Die muth'gen Trommeln bröhnten,
Der Schlachten Woge schwoll;

Wild wie ein Wetter stürmten
Wir unsern Siegeslauf,
Und wie die Mäher thürmten
Wir Leichenhügel auf.

Die stolzen Feinde zagten
Vor unserm harten Stahl,
Wir stürzten und wir jagten
Sie nieder in das Thal.
Von unserm Jubel schallten
Die Berge fern und nah,
Und rings die Thale hallten
Vom preußischen Hurrah.

Die Schlacht, sie ist geschlagen,
Die Heimat ist befreit;
Noch rühmen späte Sagen
Von solchem kühnen Streit.
Nun gilt's, das Eisen schmieden,
So lang noch glüht der Brand,
Nun eilt und schließt den Frieden
Erst an der Seine Strand!

Schwarzweissroth.

Noch liegt der West gehüllt in Wetternacht,
Noch flammen aus den Wolken rothe Blitze;
Noch tobt auf wälschem Gau die wilde Schlacht,
Noch thront der Kriegsgott auf dem ehrnen Sitze;
Noch hält das deutsche Volk am Rhein die Wacht,
Noch schwankt das Schicksal auf des Schwertes Spitze;
Doch bald vom Himmel weicht die Donnerwolke,
Bald winkt der frohe Sieg dem deutschen Volke.

Uns zwang der Feind das Eisen in die Hand,
Und kraftvoll hat es unsern Feind bezwungen;
Der König rief dem ganzen deutschen Land,
Da kamen sie, die Alten wie die Jungen,
Und von den Alpen bis zum Ostseestrand
Ist wie ein Donner dieser Ruf erklungen;
Deutschland antwortete mit einer Stimme,
Und unser Feind erlag vor unserm Grimme.

3

Schon liegt der stolze Feind gekrümmt im Staube,
Und seine letzte Hoffnung ist nicht mehr;
Den Rachegeistern gab ihn Gott zum Raube,
Und seinen Siegeslauf nimmt unser Heer;
Die deutschen Streiter kränzen mit dem Laube
Des Lorbers siegesfreudig ihr Gewehr;
Das ganze Deutschland feiert tausendtönig
Den Stolz des Landes, unsern Heldenkönig.

O glücklich darf sich jeder Deutsche preisen,
Der lebt in unsern wunderbaren Tagen!
Was unsrer Sänger wehmuthsvolle Weisen
Vergebens oft ersehnt in bittern Klagen,
Das schuf uns endlich unser gutes Eisen,
Und unser gord'scher Knoten ist zerschlagen:
Wol war der Weg zum Heile steil und steinig,
Doch steht nun Deutschland mächtig da und einig.

Als unsre Heimat lag in tiefer Schmach,
Als jeder Frembling uns mit Schande deckte,
Als jeder Frevler unser Urtel sprach
Und Deutschland sich mit frembem Joch befleckte,

Wer war's, der fiegreich unfre Feffeln brach,
Wer war's, der aus dem Todesfchlaf uns weckte?
Die Hohenzollern brachen unfre Bande,
Sie gaben Leben unferm Vaterlande.

Sie haben ihrer Söhne Blut vergoffen
Im heil'gen Kampfe um das Vaterland,
Sie ftanden wandellos und unverbroffen
Für unfre Ehre ein mit Herz und Hand;
Jetzt fteht um Preußen Deutfchland eng gefchloffen,
Jetzt ftürzt der Feind zerfchmettert in den Sand;
Und unfers Preußens fchwarz und weiße Farben,
Sie find's, die uns im Kampf das Heil erwarben.

Ob jetzt der alte Feind verderbenträchtig
Mit Untergange uns und Knechtfchaft droht,
Jetzt raufchen Preußens Farben ftark und mächtig,
Sie fchützen uns in bittrer Kriegesnoth;
Und zu dem ernften Schwarz und Weiß tritt prächtig
Der alten Hanfaflagge helles Roth;
Die neue Zeit, die alte find verbündet,
Und Deutfchlands Majeftät ift feft gegründet.

3*

Jetzt rauscht im Sturm, ihr schwarzweißrothen Fahnen!
Jetzt flattert mächtig von dem Fels zum Meer!
Rauscht unserm Volk voran auf Kriegesbahnen
Und winkt zum Siege unserm deutschen Heer!
Die späten Enkel sollt ihr kräftig mahnen,
Auf Gott allein zu baun und ihre Wehr!
Das Eisen in der Hand, im Herzen Gott:
So trotzen wir des Feindes Hohn und Spott!

Den unberufenen Friedensbringern.

Von Schlacht zu Schlacht, von Sieg zu Siege
Durch Frankreich fliegt das deutsche Heer;
Bald naht der rasche Schluß dem Kriege,
Bald streckt der Gegner das Gewehr.
Schon dröhnen deutsche Batterieen
Bis nach Paris den Siegerruf,
Bald donnert vor den Tuilerieen
Machtvoll der deutschen Rosse Huf.

Zum Kampfe hat man uns gezwungen,
Uns in die Hand den Stahl gedrückt;
Die Friedensglocke ist zersprungen,
Zum Todesstreich das Erz gezückt.
Nicht eher ist uns Ruh beschieden,
Bis Frankreich ganz zu Boden liegt;
Darum dictiren wir den Frieden,
Und mit uns hat das Recht gesiegt.

Und Ihr? Ihr saßt in Ruh behaglich
Und schaltet auf den Friedensbruch;
Doch war des Kampfes End' euch fraglich,
Drum blieb bescheiden euer Spruch.
So saht ihr mit gewognem Blicke
Stillschweigend auf das deutsche Land;
Den Lauf dann ließt ihr dem Geschicke
Und wuscht in Unschuld eure Hand.

Nun geht's zum Schluß. Gott hat gesprochen,
Der uns des Sieges Lorber flicht;
Er hat den Frevel schwer gerochen,
Und furchtbar ist sein Strafgericht.
Doch nun es gilt, den Feind zu fällen,
Der auf uns häufte Leid und Harm,
Nun wollt Ihr uns den Sieg vergällen
Und fallt uns drohend in den Arm?

Wir sehen unsre deutsche Gauen
Versenkt in Thränen und in Wuth;
Wir sehen Frankreichs Erde thauen
Von unsrer Jugend theurem Blut.

Aus tausend und aus tausend Kammern
Steigt Klageruf zu Gottes Thron;
Verwaiste weinen, Mütter jammern
Um Vater, Bruder, Mann und Sohn.

Drum zwingt uns nicht in unsre Rechte
Aufs neue unsern scharfen Stahl!
Geht in den Kampf nicht für das Schlechte,
Und wie ihr's wart, so bleibt neutral!
Austoben laßt des Kampfes Reigen,
Bis sich das Siegesbanner bläht;
Wer nichts gethan, der möge schweigen,
Nicht ernten soll, wer nicht gesä't!

Metz.

16. bis 18. August.

Mel.: Prinz Eugen, der edle Ritter.

Freud' und Jubel, Festgepränge,
Hurrarufen, Schlachtgesänge,
Feiert unsern neuen Sieg!
Klinge, Lied, von Mund zu Munde,
Hall' es wieder, frohe Kunde:
Nun entschieden ist der Krieg!

Tag der Rache, Tag der Ehren,
Der des Feindes starke Wehren
Hingeschmettert in den Staub!
Deutsche Waffen sahst du blinken,
Sahst den Friedensbrecher sinken
Jähem Untergang zum Raub.

Metz, du sahst mit düstrem Trauern
Vor den altersgrauen Mauern
Wüthen die Entscheidungsschlacht,
Sahst die deutschen Heere stürmen,
Sahst vor deinen hohen Thürmen
Hingestreckt der Franken Macht.

König Wilhelm, tapfrer Degen,
Gingst dem Feinde kühn entgegen,
Standest fest in Sturm und Drang,
Standest fest im Waffenschimmer,
Standest fest und zagtest nimmer,
Als der Tod die Geißel schwang.

Friedrich Carl, du warst im Streite
Deinem König treu zur Seite,
Du ein Fürstensohn und Held;
Steinmetz ohne Furcht und Tadel,
Warst ein ächter Mann von Adel
Auf des Kampfes blut'gem Feld.

Ha das ging auf Tod und Leben,
Und die Erde mochte beben
In der Schlachten Donnerhall,

Bayonette schneidig klirrten,
Und die Todeskugeln schwirrten,
Und es dröhnte Trommelhall.

Wol an manchem heißen Tage
Schwankte auf und ab die Wage,
Stand gebannt des Glückes Rad;
Doch der Schlachten Lenker droben
Sandt' uns aus des Kampfes Toben
Fröhlich auf den Siegespfad.

Brüder ihr aus Süd und Norden,
Unsers Feindes trotz'ge Horden
Stürztet ihr in Todesnacht;
Preußen, Sachsen, brave Hessen,
Euch auf ewig unvergessen
Sei vor Metz die Todesschlacht.

Brüder, die ihr durstet werden
Um ein freies, frommes Sterben,
Trinkt getrost des Himmels Lust!
Eurem Sterben folgt der Segen,
Und den Siegeslorber legen
Wir euch dankbar auf die Gruft.

Unsre Einheit ist gegründet,
Und auf ew'ge Zeit verbündet
Hat uns euer theures Blut.
Ueber Deutschlands Gaun zusammen
Schlagen die Octoberflammen,
Lodert Leipzigs hehre Glut.

Steigt zu würd'gem Himmelslohne
Auf zu Gottes hohem Throne,
Zu der Sterne ew'gem Lauf!
Uns winkt Sieg, der freud'ge, rasche,
Und aus eurer heil'gen Asche
Steigt der deutsche Phönix auf.

Auf den Tod
meines bei Metz gefallenen jungen Freundes
Johannes von Buttel.

Alle Gaſſen hallen freudig wieder
Von dem Jubelklang der Siegeslieder,
Und zum Himmel hebt ſich jedes Herz;
Doch es bluten einſam manche Wunden,
Und in ſtillen, weltentrückten Stunden
Spricht zu Gott wol mancher herbe Schmerz.

Edle Todesopfer mußten fallen,
Und wie ernſte Trauerweiden wallen
Siegesbanner über mancher Gruft;
Leiſ' und tief verſtimmte Trommeln tönen,
Und die letzten Todesſalven dröhnen
Dumpf und klagend in die ſtille Luft.

Und auch dich, o Freund du unsers Lebens,
Sucht der stolzen Kämpfer Schar vergebens,
Und vereinsamt fühlt sich unsre Brust:
Tief in Frankreich mußtest du erblassen,
Mußtest früh dein junges Leben lassen,
Theilst nicht mehr der Sieger frohe Lust.

Wie die junge Tanne, wenn's gewittert,
Niedersinkt, vom Wetterstrahl zersplittert,
Sankst du in die frühe Todesnacht,
Sankst du, ew'gen Siegesruhm erwerbend,
Und es hielt dein treues Auge sterbend
Noch am deutschen Rhein die deutsche Wacht.

Doch dem König treu und gottergeben
Gabst du willig hin dein junges Leben,
Gabst die Seele deinem Gott zurück.
Ueber alles Erdenleib erhoben
Darfst du selig deinen Schöpfer loben,
Und du athmest ew'ges Himmelsglück. —

Die ihr um ihn weint in Thränenschauern,
Laßt die Todtenklage, laßt das Trauern,
Denn sein Sterben war beneidenswerth!

Kämpfend für das Gute und das Rechte
Starb er siegesfreudig im Gefechte,
In der jungen Faust das treue Schwert.

Was kann uns die Welt an Freude geben?
Nur ein leerer Schall ja ist das Leben,
Und im Tode ist der wahre Sieg.
Durchgeschlagen hat er sich zum Himmel,
Wie der Krieger in dem Schlachtgewimmel
Kühn sich durchschlug und die Schanz' erstieg.

Droben dort, wo alle Klagen schweigen,
Werden wir ihn in der Sel'gen Reigen
Wiedersehn in heitrem Himmelsglanz!
Dort vor Gottes heil'gem Angesichte
Winden wir bestrahlt von reinerm Lichte
Unserm Todten seinen Lorberkranz.

Sedan.

Erbrauſet, ihr Orgeln, mit mächtigem Klang!
Ihr Glocken, ertönt! Laut ſchalle, du Sang!
Aufrauſcht von Fahnen, ihr Dächer!
Ihr Pfoſten, umſchlingt euch mit grünendem Kranz!
Aufflammt, ihr Gaſſen, im Kerzenglanz!
Froh feiert der Heimat Rächer!

Wie ein Traum, wie ein Traum, wie ein ſeliger Traum,
So dämmern vorüber wol Zeit und Raum,
Und die Seele, ſie mag es nicht faſſen:
Ein Moskau, ein ſchreckliches Gottesgericht,
Das jäh wie der Blitz aus den Wolken bricht,
Und der Welt Tyrannen erblaſſen.

Der Kaiſer, er bräut' uns mit reiſigem Troß,
Doch er flieht zerſchmettert mit Mann und Roß,
Und er flieht dem Verderben entgegen.

Das Verhängniß umſtrickt ihm den flüchtigen Fuß,
Und unſerm König mit ſchmerzlichem Gruß
Legt ſtill er zu Füßen den Degen.

Er bräut' unſern Gauen mit ſtürmender Hand,
Und er ſchaut als Gefangner das deutſche Land,
In mitleidswürdiger Blöße.
Noch lebend iſt er des Todes Raub,
Noch lebend ſieht er ſein Reich im Staub,
Ein Denkmal verklungener Größe.

Wir kränken ihn nicht mit Hohn und Spott:
Nur Der dort droben, der rächende Gott,
Er hat ihn zu Boden geſchlagen.
Wir ſehen den Feind auf trauriger Flucht,
Wir dürfen des Sieges köſtliche Frucht
In die jubelnde Heimat tragen.

Uns glänzt aus der Höhe der rettende Stern,
Wir preiſen in Demuth Gott den Herrn,
Wir feiern ihn tauſendtönig.
Und die Herzen vereint, in der Hand das Schwert,
So ſchützen wir kühn unſers Landes Werth
Und unſern Heldenkönig.

————

Zu Schutz und Trutz.

Mel.: Es braust ein Ruf wie Donnerhall ꝛc.

Was blickst du düster, Vaterland?
Was ballt sich zornig dir die Hand?
Besorgst du, daß der Fremden Neid
Uns unsern Sieg verkehrt in Leid?
Mein Deutschland, laß die Raben schrein!
Wir stehen fest: wer spricht uns drein?

Für Deutschlands Recht und unsern Werth
Fuhr aus der Scheibe unser Schwert.
Das war ein Krieg, ein heil'ger Krieg,
Und Gott der Herr gab uns den Sieg.
Mein Deutschland ꝛc.

Was uns geraubt der Wälschen List,
Wir ruhn nicht, bis es unser ist;
Mit unserm reich verspritzten Blut
Erkauften wir das theure Gut.
Mein Deutschland ꝛc.

4

Sie glauben's nicht, sie wollen's nicht,
Daß Deutschland alte Fesseln bricht.
Von Frankreichs „heil'ger Erde" soll
Der Deutsche fliehn mit stillem Groll.
Mein Deutschland ꝛc.

Du fürchte nichts, mein Vaterland!
Die Waffe blitzt in unsrer Hand;
Verschwunden ist die lange Nacht,
Vertrieben durch den Blitz der Schlacht.
Mein Deutschland ꝛc.

Des ganzen Deutschlands Heeresbann
Steht stahlgewaffnet Mann für Mann,
Und unter Preußens Königsschild
Stellt sich's zum Kampf im Schlachtgefild.
Mein Deutschland ꝛc.

Was wir erkämpft, wir halten's fest,
Zum Trotz für Norden, Süd und West!
Wer uns des Sieges Früchte raubt,
Dem fährt der deutsche Stahl aufs Haupt.
Mein Deutschland, laß die Raben schrein!
Wir stehen fest: wer spricht uns drein?

Nord und Süden.

Mel.: Deutschland, Deutschland über Alles.

Brüder ihr aus Nord und Süden,
Nehmt den warmen Druck der Hand,
Die im Kampf ihr ohn' Ermüden
Steht für unser Vaterland!
Was die Hoffnung uns verkündet,
Schauen wir voll Zuversicht:
Nord und Süden sind verbündet,
Bis der Erde Bau zerbricht!

Deutschland, Deutschland ist gereinigt
Von dem altverjährten Zwist,
Unser Deutschland ist geeinigt
Trotz des Erbfeinds schnöder List.
Eure Herzen sind entzündet,
Schlagen laut für e i n e Pflicht:
Nord und Süden sind verbündet,
Bis der Erde Bau zerbricht!

4*

Unfer Erbfeind ift geschlagen,
Und der Lorber ift gepflückt;
Unfer Zwift ift ausgetragen,
Und der Main ift überbrückt.
Unfer Rhein, der deutsche, mündet
Nun ins Meer als Franke nicht:
Nord und Süden find verbündet,
Bis der Erde Bau zerbricht.

In dem wilden Kriegeswetter
War der Himmel unfer Schwert;
Bruder ift des Bruders Retter,
Bruder ift des Bruders werth.
Einheit hat den Bau gegründet,
Und er wächst zum Sonnenlicht:
Nord und Süden find verbündet,
Bis der Erde Bau zerbricht.

Heil dem König!

Mel: Heil Dir im Siegerkranz ꝛc.

Heil Dir und hoher Ruhm,
Hort deutschem Ritterthum,
Heil, König, Dir!
Wie um der Berge Hang
Brauset des Sturmes Drang,
Feiert der Siegsgesang
Dich, Deutschlands Zier!

Silbern erglänzt Dein Haar,
Doch wie der Morgen klar
Leuchtet Dein Blick!
Frisch wie der Eiche Schaft,
Muthig und heldenhaft,
Lenkst Du mit stolzer Kraft
Unser Geschick!

Ueber das Vaterland
Streckt Deine starke Hand
Schirmend die Wehr.
Früchte der Friede bringt,
Tönend die Sense klingt,
Schiffe so leichtbeschwingt
Furchen das Meer.

Und wenn der Gegner wild
Schlägt an den Heeresschild,
Rufst Du ins Feld.
Wie über Berg und Thal
Leuchtet der Wetterstrahl,
Glänzt uns Dein Siegerstahl,
Fürstlicher Held!

Dort an des Landes Mark
Hältst Du so treu und stark
Unsere Wacht.
Dort wo des Rheines Flut
Blitzt in der Sonne Glut,
Hältst Du die gute Hut
In Kampf und Schlacht.

Gott in den Himmelshöhn,
Schirme im Schlachtgebröhn
Unseren Herrn!
Wenn uns die Feinde drohn,
Wenn uns die Blitze lohn,
Schütze den Königsthron,
Gott, unser Stern!

Heil Dir und hoher Ruhm,
Hort deutschem Ritterthum,
Heil, König, Dir!
Wie um der Berge Hang
Brauset des Sturmes Drang,
Feiert der Siegsgesang
Dich, Deutschlands Zier!

In der E. Schweigger'schen Hof=Buch-
handlung in Berlin, Steglitzerstr. 38, ist erschienen
und auf gleiche Weise wie das vorliegende Buch
zu beziehen:

König Wilhelm

von

Louis Schneider

(Geh. Hofrath Seiner Majestät des Königs von
Preußen.)

5. Auflage.

Der Preis des Buches ist nur 7½ Sgr.

Der Umstand, daß diese vortreffliche Biographie
unseres geliebten Königs bereits in fünfter Auflage
erschienen ist, wird Beweis genug für die Gediegen-
heit des Werkes sein.

Druck von Eduard Weinberg in Berlin.

www.ingramcontent.com/pod-product-compliance
Lightning Source LLC
Chambersburg PA
CBHW021641270326
41931CB00008B/1116